まちごとチャイナ

Macau 005 New Macau

新口岸とタイパ・コロアン

7色に光る
『カジノ・シティ』

Asia City Guide Production

【白地図】マカオ

CHINA
マカオ

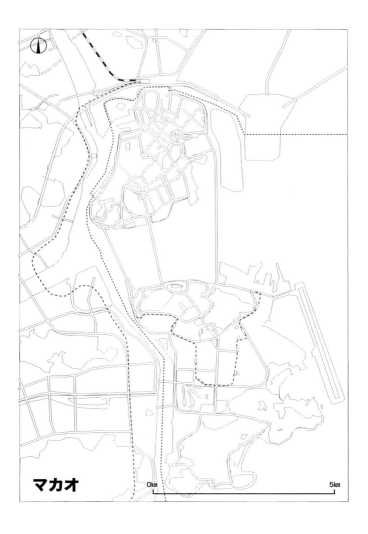

【白地図】港珠澳大橋

CHINA
マカオ

【白地図】新口岸

CHINA
マカオ

【白地図】新口岸中心部

CHINA
マカオ

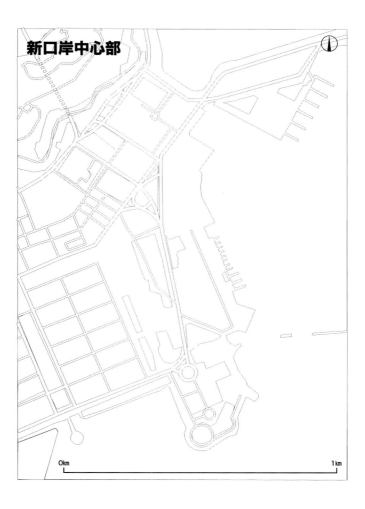

【白地図】南灣湖

CHINA
マカオ

南灣湖

New Macau 白地図

CHINA
マカオ

【白地図】リスボアカジノ

【白地図】タイパ・コロアン

CHINA
マカオ

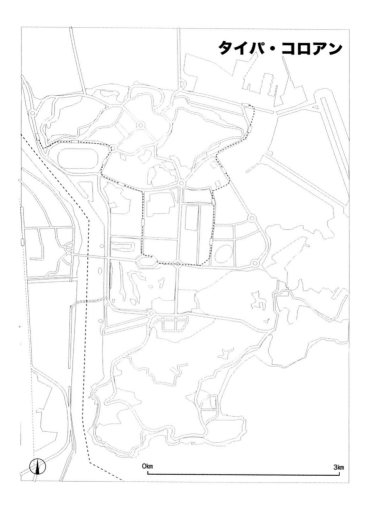

タイパ・コロアン

New Macau 白地図

【白地図】タイパ西部

タイパ西部

New Macau 白地図

【白地図】タイパ村

CHINA
マカオ

【白地図】タイパ東部

タイパ東部

【白地図】コタイ

CHINA
マカオ

【白地図】コロアン村

CHINA
マカオ

【白地図】コロアン

CHINA
マカオ

【まちごとチャイナ】
マカオ001 はじめてのマカオ
マカオ002 セナド広場とマカオ中心部
マカオ003 媽閣廟とマカオ半島南部
マカオ004 東望洋山とマカオ半島北部
マカオ005 新口岸とタイパ・コロアン

CHINA
マカオ

ポルトガルが1557年にマカオ半島に上陸したとき、その先端に媽閣廟がたたずみ、限られた土地しかなかったが、マカオでは20世紀に入ってから大規模な埋め立てが進むようになった。媽閣廟東の新口岸が新たに開発され、かつて半島南部に浮かんでいたタイパとコロアンなどの島々は今ではひとつの大きな島となっている。

こうした埋め立て地に巨大文化施設やホテル、カジノなどが立ちならび、娯楽の街としてのマカオの名声は世界的に知られる。戦後から1999年のマカオ返還まではスタンレー・ホー

7色に光る「カジノ・シティ」
New Macau 新口岸サンハウゴン

の財閥がカジノを一手にになっていたが、2002年から外資に開放され、多くの資金がこの街に流入した。

　くわえて21世紀になって経済成長を見せる中国の富裕層が多くマカオを訪れ、賭けごと好きの中国人の性格もあいまってカジノ熱の高まりが続いている。高さ338mのマカオ・タワーがそびえるなか、マカオは今では本場ラスベガスをしのぐとも言われる世界屈指のカジノ・シティとなっている。

【まちごとチャイナ】
マカオ 005 新口岸とタイパ・コロアン

CHINA
マカオ

目次

新口岸とタイパ・コロアン……………………………………xxviii

インド洋を渡った食文化………………………………………xxxiv

新口岸城市案内…………………………………………………xliii

南灣湖城市案内…………………………………………………lxiii

娯楽都市マカオでカジノ ………………………………………lxxix

タイパ城市案内 ………………………………………………lxxxvii

コタイ城市案内 …………………………………………………ciii

コロアン城市案内 ………………………………………………cviii

街の歩みの陰日向 ………………………………………………cxxii

【MEMO】

【地図】マカオ

【地図】マカオの [★★★]
- [ ] 葡京娛樂場 Grand Lisboa Casino リスボア・カジノ

【地図】マカオの [★★☆]
- [ ] 大氹 Taipa タイパ
- [ ] 路氹城 Cotai コタイ
- [ ] 路環 Colane コロアン

【地図】マカオの [★☆☆]
- [ ] 外港客運碼頭 Macau Ferry Termina マカオ・フェリー・ターミナル
- [ ] 大潭山 Taipa Grande タイパ山
- [ ] 路環村 Coloane Village コロアン村

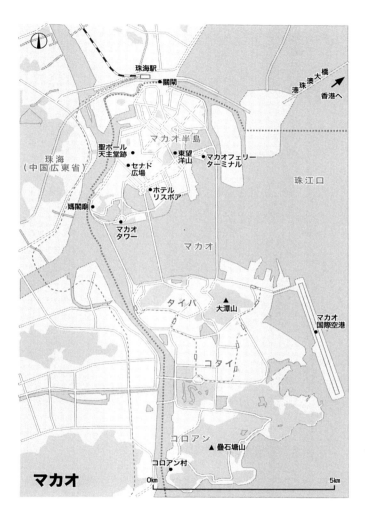

インド洋を渡った食文化

CHINA
マカオ

ココナッツと醤油を使ったマカオ料理
洋の東西が融合した
世界でも稀な食文化をもつ

マカオ料理の伝統

450年ものあいだポルトガル統治を受けていたことから、マカオではポルトガル料理をもとにした独特の食文化が味わえる。大航海時代、リスボンを発ったポルトガル人は、彼らは行く先々で食料を調達し、その場で調理したことから、徐々にその料理は変化していった。インドで香辛料やチリソースを、東南アジアでパパイヤやココナッツを、中国で醤油や油をもちいるようになり、やがて「大航海時代の味」と呼ばれるマカオ料理が生まれた。戦国時代の日本にポルトガル人がもちこんだ南蛮料理もマカオを経由して伝えられている。

▲左　中華料理とはひと味もふた味も違うマカオ料理。　▲右　市場では南国のフルーツが売られている

マカオ料理の特徴

大西洋に面したポルトガル、南海に面したマカオという共通点から、マカオ料理では魚介類が豊富に使われる。またポルトガル料理でも見られるスープ料理やまめ料理、米料理が食べられていて、香辛料やココナッツなどで味つけされている。中国人にとって肉と言えば豚肉をさすほど中華料理では豚が使われるが、マカオ料理では鶏肉がよく使われている。

CHINA
マカオ

アフリカン・チキン African Chicken

アフリカで食べられているピリピリ・チキンにルーツをもつというアフリカン・チキン。タマネギ、オリーブ、キノコ、ココナッツなどをくわえたトマトソースを鶏肉にかけて食する。マカオでもっとも有名な料理のひとつで、さまざまな国からもたらされたスパイス、料理法が凝縮されている。

▲左　活気あるマカオの露店。　▲右　ココナッツ味スープのラーメン

カーリー・ハイ Curry Crab

カニのぶつ切りをカレー味で炒めたカーリー・ハイ。カレー粉を大胆に使うことから、中華料理では見られないマカオ独特の味となっている。

ミンチィ Minche

豚のひき肉とタマネギを炒めたマカオ料理ミンティ。野菜で皿を彩り、目玉焼きを載せるなどの工夫が見られる。

CHINA
マカオ

ガリーニャ・ポルトゲサ Galinha Portuguesa

ガリーニャ・ポルトゲサは、ポルトガル風の鶏肉料理。雌鶏にジャガイモやタマネギをくわえて食べる。

ワイン Wine

ポルトガルは世界有数のワイン生産国で、マカオにもその伝統が受け継がれている。マカオ料理にはワインがあう。

▲左　砂糖をたっぷり使ったマカオのお菓子。　▲右　アフリカン・チキン、代表的なマカオ料理

エッグタルト Egg Tart

本場ポルトガルの洋菓子の味を伝えるエッグタルト。玉子と砂糖を混ぜて焼いた甘いケーキで街角で売られている。

ジンジャーミルク Ginger Milk

牛乳にショウガを入れてゼリー状にしたジンジャーミルク。甘さだけでない、独特の味わいがする。

【地図】港珠澳大橋

CHINA
マカオ

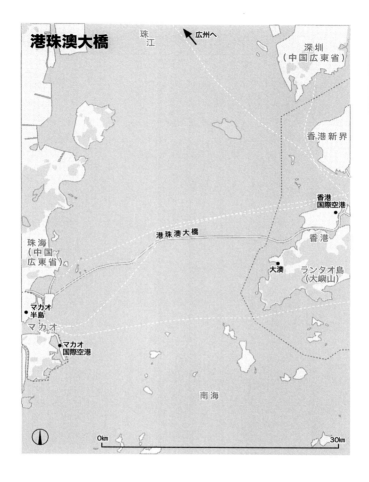

New Macau｜インド洋を渡った食文化

【MEMO】

CHINA
マカオ

**Guide,
Nape**

新口岸
城市案内

珠江口西側に位置するマカオ
香港からの船が発着する外港
また埋め立て地には巨大施設がならぶ

外港ワイゴン Porto Exterior 外港 ［★★☆］

香港のちょうど対岸にあたる珠江口の西側に位置するマカオ。南海へ続くマカオの玄関口となっているのが外港で、香港や深圳、広州などの街とマカオを往来する船が運航している。20世紀はじめまでは、マカオの海の玄関口は外港ではなく、台風などの影響を比較的受けにくい内港だったが、南海へ続くこちらにフェリー・ターミナルが移された。

【地図】新口岸

【地図】新口岸の ［★★★］
- [ ] 葡京娛樂場 Grand Lisboa Casino リスボア・カジノ

【地図】新口岸の ［★★☆］
- [ ] 外港 Porto Exterior 外港
- [ ] 觀音蓮花苑 Kun Iam Statue 西洋観音像
- [ ] 南灣湖ナンワンウー Praia Grande 南湾湖

【地図】新口岸の ［★☆☆］
- [ ] 外港客運碼頭 Macau Ferry Terminal マカオ・フェリー・ターミナル
- [ ] 友誼大橋 Bridge of Friendship フレンドシップ大橋
- [ ] 葡萄酒博物館 Wine Museum マカオ・ワイン博物館
- [ ] 大賽車博物館 Grand Prix Museum マカオ・グランプリ博物館
- [ ] 澳門漁人碼頭 Macau Fisherman's Wharf マカオ・フィッシャーマンズ・ワーフ
- [ ] 金蓮花廣場 Golden Lotus Square ゴールデン・ロータス・スクエア
- [ ] 澳門文化中心 Macau Cultural Centre マカオ文化センター
- [ ] 澳門藝術博物館 Macau Museum of Art マカオ芸術博物館
- [ ] 澳門科學館 Macau Science Center マカオ科学館
- [ ] 友誼大馬路 Avenida da Amizade 友誼大馬路
- [ ] 澳氹大橋 Macau-Taipa Bridge マカオ・タイパ大橋

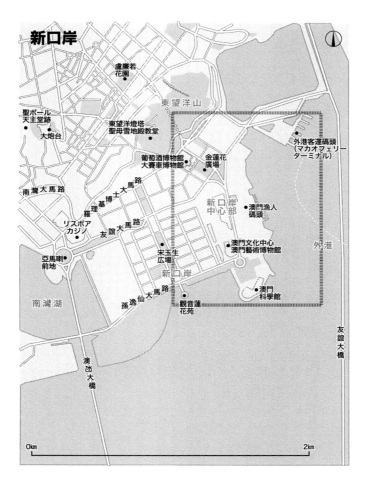

【地図】新口岸中心部

【地図】新口岸中心部の [★★☆]
- [ ] 外港 Porto Exterior 外港
- [ ] 觀音蓮花苑 Kun Iam Statue 西洋観音像

【地図】新口岸中心部の [★☆☆]
- [ ] 外港客運碼頭 Macau Ferry Terminal マカオ・フェリー・ターミナル
- [ ] 新八佰伴百貨公司 New Yaohan ニュー・ヤオハン
- [ ] 澳門綜藝館 Macau Museum マカオ・フォーラム
- [ ] 葡萄酒博物館 Wine Museum マカオ・ワイン博物館
- [ ] 大賽車博物館 Grand Prix Museum マカオ・グランプリ博物館
- [ ] 澳門漁人碼頭 Macau Fisherman's Wharf マカオ・フィッシャーマンズ・ワーフ
- [ ] 金蓮花廣場 Golden Lotus Square ゴールデン・ロータス・スクエア
- [ ] 澳門文化中心 Macau Cultural Centre マカオ文化センター
- [ ] 澳門藝術博物館 Macau Museum of Art マカオ芸術博物館
- [ ] 澳門回歸賀禮陳列館 Handover Gifts Museum of Macau マカオ返還寄贈品博物館
- [ ] 澳門科學館 Macau Science Center マカオ科学館
- [ ] 回力娛樂場 Jai Alai Casino カジノ・ハイアライ

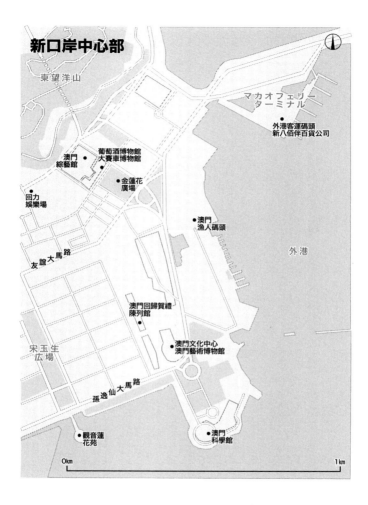

CHINA
マカオ

港としてのマカオ

大航海時代に東アジアの交易拠点としてにぎわったマカオ。マカオ半島は珠江の浚渫(上流から流されてきた泥)でつくられているため、港の水深が浅く、大型船の来航には不向きだった。これに対して、マカオの東70kmに位置する香港はヴィクトリア・ハーバーという天然の良港をもつ(香港島は花崗岩でできていて、港の水深がある)。このような事情から、1842年に香港島がイギリスに割譲されると、マカオは交易拠点としての地位を香港に譲るようになった。

▲左 マカオの外港、珠江を行き交う船がゆく。 ▲右 香港からのフェリーはここに着く、外港客運碼頭

外港客運碼頭ワイゴンマァタオ Macau Ferry Terminal
マカオ・フェリー・ターミナル [★☆☆]

マカオの「海の玄関口」となっている外港客運碼頭。香港からの船が着くため、マカオを訪れる多くの人でにぎわっている。マカオ・グランプリのときにはここにスタート地点がおかれる。

新八佰伴百貨公司サンバーバークブーンバークフォーグンシ
New Yaohan ニュー・ヤオハン [★☆☆]

外港客運碼頭に隣接する新八佰伴百貨公司。マカオを代表す

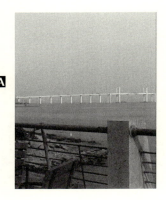 

▲左　マカオ半島からタイパに架かる橋。　▲右　香港からマカオを結ぶフェリーの時刻表

るショッピング・モールで、品ぞろえが充実している。もともと日本企業ヤオハンが進出していたが、のちに経営母体が代わり、現地法人となっている。

友誼大橋ヤウィィダイキゥ Bridge of Friendship
フレンドシップ大橋　[★☆☆]

友誼大橋は、マカオ半島東部の外港客運碼頭付近とタイパを結ぶ橋。全長は4.7kmでマカオの返還が決まったあとの1994年に完成した。

【MEMO】

New Macau

新口岸城市案内

CHINA
マカオ

澳門綜藝館オウムンジュンガイグン
Macau Museum マカオ・フォーラム [★☆☆]

東望洋山の麓に立つ澳門綜藝館。4000人を収容するホールをもち、スポーツやコンサートなどの行事が催される。

葡萄酒博物館ポットウジャウボッマッグン
Wine Museum マカオ・ワイン博物館 [★☆☆]

ポルトガル仕込みの伝統ワインが味わえるマカオ（乾燥した気候をもち、肉食中心のポルトガルはワイン大国として知られる）。葡萄酒博物館では、数百種類におよぶワインの品種

▲左　夜遅くまでマカオのにぎわいは続く。　▲右　ど派手な建物が街を彩る

を貯蔵し、古代文明の時代からのワインづくりを紹介する展示があるほか、ワインのテイスティングもできる。

大賽車博物館ダイチョイチェボッマッグン
Grand Prix Museum マカオ・グランプリ博物館 [★☆☆]

娯楽の街マカオの一大イベントで、全長6171mの市街コースをマシンが駆けめぐる澳門格蘭披治大賽車（マカオ・グランプリは、1954年から開催されてきた）。大賽車博物館には、アイルトン・セナやミハエル・シューマッハといった名ドライバーゆかりの品々が展示されている。

CHINA
マカオ

澳門漁人碼頭オウムンユエヤンマタウ
Macau Fisherman's Wharf
マカオ・フィッシャーマンズ・ワーフ ［★☆☆］

外港に面したマカオ半島南東部の埋め立て地に位置する巨大なテーマパーク、澳門漁人碼頭。古い中国の街並みを再現した唐城（タン・ダイナシティ）、西欧風の建築がならぶ東西匯聚（イースト・ミーツ・ウエスト）、港町をイメージした勵駿碼頭（レジェンド・ワーフ）などからなり、カジノもおかれている。

▲左　南国の暑さにのども渇く。　▲右　ポルトガルから中国への返還式典が行なわれた澳門文化中心

金蓮花廣場ガムリンファゴンチョン Golden Lotus Square ゴールデン・ロータス・スクエア［★☆☆］

1999年12月20日のマカオの中国返還を記念してつくられた金蓮花廣場。この広場におかれた蓮の像は、返還にあたって中国から送られたもので、蓮はマカオを象徴している（池に浮かぶ蓮は、南海に浮かぶようなマカオを表現）。

澳門文化中心オウムンマンファチュンサン
Macau Cultural Centre マカオ文化センター［★☆☆］

マカオ半島南東部の埋め立て地に建てられた澳門文化中心。

CHINA
マカオ

1999年、ポルトガルから中国へ統治権が移譲するマカオの返還セレモニーがここで行なわれた。1200人を収容する大ホールがあり、コンサートや映画の上映はじめ、マカオ芸術祭、音楽祭なども開催されている。

マカオ返還まで

マカオに上陸した1577年から、中国側に地代を払うことで、ポルトガルはマカオの居住を許されていた。そのあいだマカオは東アジアにおける西欧の交易拠点として成長し、オランダやイギリスも中国へ進出するようになった。1842年、アヘン戦争

| New Macau 新口岸城市案内

で清朝が敗れると、西欧列強は中国の権益に野心を見せ、ポルトガルも地代の支払いを停止し、1887年にマカオの永久管理権を手にすることになった（植民地化）。第二次大戦後、中国とポルトガルのあいだで話し合いがもたれ、1987年、「マカオの主権はあくまで中国にあり、行政管理権をポルトガルが行使している」ことが確認された（マカオの返還が決定）。こうしてマカオは、1997年にイギリスから中国へ返還された香港に続いて、1999年12月20日にポルトガルから中国へ返還されることになった。香港と同じく、「50年間はそれまでの体制を変えない」一国二制度のもと、マカオ特別行政区として再出発した。

CHINA
マカオ

澳門藝術博物館 オウムンガイスッボッマッグン
Macau Museum of Art マカオ芸術博物館 [★☆☆]

澳門文化中心に併設する澳門藝術博物館。中国の絵画、陶磁器、西洋絵画など幅広い作品が展示され、マカオにゆかりある画家や芸術家の作品も収蔵する。1999年に開館した。

澳門回歸禮陳列館
オウムンウォイグワイホーライチャンリッグン Handover Gifts Museum of Macau マカオ返還寄贈品博物館 [★☆☆]

450年ものポルトガル統治を経て1999年に中国へ返還されたマカオ。澳門回歸禮陳列館では、マカオ返還に関する記

▲左　特徴的な外観が際立つ澳門科學館。　▲右　澳門文化中心に入っている澳門藝術博物館

念品やその経緯を紹介する展示が見られる。返還5周年にあたる2004年に開館した。

澳門科學館オウムンフォーホッグン
Macau Science Center マカオ科学館 ［★☆☆］

マカオ半島の南東端、澳門文化中心の先に立つ澳門科學館。最先端の宇宙技術、環境技術の紹介のほか、子ども向けに工夫された展示も楽しめる。

CHINA
マカオ

観音蓮花苑クンイャムチョン
Kun Iam Statue 西洋観音像 [★★☆]

南海に突き出すようにマカオ半島の先端に立つ高さ20mの観音像。観音は海の守り神として信仰されており、ポルトガル人芸術家の手でつくられたことから西洋観音の名前で呼ばれる。台座の蓮は、海に浮かぶようなマカオの象徴とされる。

回力娛樂場ウォーイリックユエロックチョン
Jai Alai Casino カジノ・ハイアライ [★☆☆]

ハイアライは、壁に向かって放たれた相手のボールをキャッ

New Macau 新口岸城市案内

チして、再びこちらが壁に向かって打ち返すスポーツ。スカッシュを想像させるが、その歴史は古く、中世西欧のバスク地方ではじまったと言われる（かつては教会の壁にボールをぶつけていた）。大航海時代以降、ポルトガルやスペインが海外進出したことで、このスポーツが中南米やフィリピン、マカオに広がった。ここ回力娛樂場ではスポーツを観戦しながら、カジノを楽しめるようになっている。その最高球速は300kmにもなるという。

**Guide,
Praia Grande**
南灣湖
城市案内

マカオ半島南端に広がる南灣湖
その近くにはマカオを代表するリスボア・カジノが位置し
高さ338mのマカオ・タワーがそびえている

葡京娛樂場ポギンジィロックチョン
Grand Lisboa Casino リスボア・カジノ ［★★★］

リスボア・カジノはカジノ・シティとして世界に知られるマカオのなかでも、この街を代表するカジノ。ホテルと一体化していて、中国本土からカジノ目当てで訪れる多くの人の姿がある（マカオ返還以前は香港からの日帰り客がほとんどだった）。ルーレット、バカラなどさまざまなゲームを楽しむことができ、マカオのカジノは今ではラスベガスを超えると言われる売上を誇る。

【地図】南灣湖

【地図】南灣湖の [★★★]
- [ ] 葡京娛樂場 Grand Lisboa Casino リスボア・カジノ
- [ ] 澳門旅游塔會展娛樂中心 Macau Tower Convention &Entertainment Centre マカオ・タワー

【地図】南灣湖の [★★☆]
- [ ] 南灣湖 Praia Grande 南湾湖
- [ ] 觀音蓮花苑 Kun Iam Statue 西洋観音像

【地図】南灣湖の [★☆☆]
- [ ] 中國銀行澳門分行大廈 Bank of China マカオ中国銀行ビル
- [ ] 友誼大馬路 Avenida da Amizade 友誼大馬路
- [ ] 澳氹大橋 Macau-Taipa Bridge マカオ・タイパ大橋
- [ ] 西灣湖 Lago Sai Van 西湾湖
- [ ] 融和門 Gate of Understanding 融和門
- [ ] 西灣大橋 Sai Van Bridge 西湾大橋

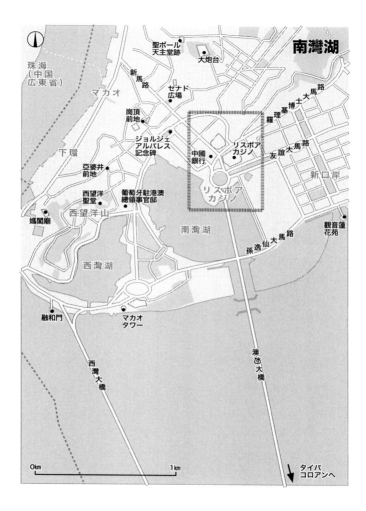
南灣湖城市案内

【地図】リスボアカジノ

【地図】リスボアカジノの ［★★★］
- [ ] 葡京娛樂場 Grand Lisboa Casino リスボア・カジノ

【地図】リスボアカジノの ［★★☆］
- [ ] 南灣湖 Praia Grande 南湾湖

【地図】リスボアカジノの ［★☆☆］
- [ ] 中國銀行澳門分行大廈 Bank of China マカオ中国銀行ビル
- [ ] 廣州街 Rua de Cantao 広州街
- [ ] 友誼大馬路 Avenida da Amizade 友誼大馬路
- [ ] 南灣花園 St. Francisco Garden 南湾花園（聖フランシスコ公園）
- [ ] 澳門陸軍俱樂部 Military Club ミリタリークラブ

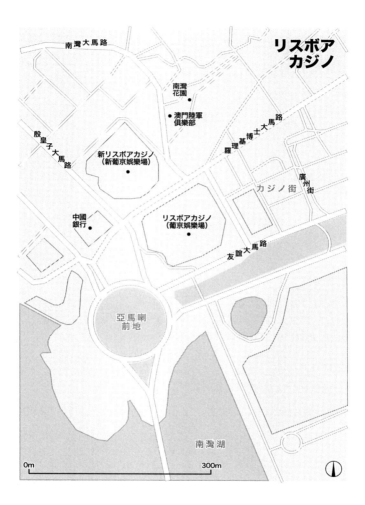

CHINA
マカオ

中國銀行澳門分行大廈
チョングウォガンハンオウムンファンハンダイハ
Bank of China マカオ中国銀行ビル [★☆☆]

リスボア・カジノの向かいに立つ中國銀行澳門分行大廈。この建物が手のひらを開いたようなかたちをしているのは、カジノから出てくる悪い気をとめるためで、風水士の助言に基づいて設計されたという。

▲左　マカオの顔、極彩色のリスボア・カジノ。　▲右　昼と夜で異なる表情を見せる南灣湖

廣州街グウォンチョウガイ Rua de Cantao 広州街 [★☆☆]

リスボア・カジノの北東に位置し、カジノなど大型娯楽施設がならぶ廣州街。このあたりのにぎわいは夜遅くまで絶えることはなく、カジノからカジノへはしごする人も見られる。

友誼大馬路ヤウィィダイマァロゥ
Avenida da Amizade 友誼大馬路 [★☆☆]

友誼大馬路は、葡京娛樂場から新口岸を横切ってフェリー・ターミナルへと続く大通り。この通りはマカオ・グランプリのとき、サーキット・コースとして利用される。

CHINA
マカオ

南灣花園ナムワンファーユン St. Francisco Garden
南湾花園（聖フランシスコ公園）[★☆☆]

16世紀、この地で伝道を行なった聖フランシスコ会の修道院に由来する南灣花園（そのことから聖フランシスコ公園とも呼ばれる）。赤と白のレンガ造りで彩られた特徴的な円筒形の建物が見られ、もともとは第一次大戦で亡くなったポルトガル人兵士の追悼目的で建てられたという歴史をもつ。澳門陸軍倶樂部に隣接し、道路をはさんだ近くには八角亭が立つ。

▲左　カジノの前におかれた巨大なオブジェ。　▲右　半島先端部を弧を描くように走る通り

澳門陸軍倶樂部オウムンルックグァンクイロップ
Military Club ミリタリークラブ ［★☆☆］

道路に面した美しいヴェランダをもつ澳門陸軍倶樂部。このコロニアル建築は退役した軍人のために1870年に建てられ、当時は社交界などが催されていた。

南灣湖ナンワンウー Praia Grande 南湾湖 ［★★☆］

マカオ半島南部に広がる南灣湖。ここの噴水は80mまで吹きあがることで知られ、夜には光と音楽によるショー南灣湖音楽噴水を見ることができる。南灣湖に面して走る南灣大馬

▲左 西望洋山からタイパ方面をのぞむ。　▲右 印象的なモニュメントが立つ亞馬喇前地

路には、美しいコロニアル建築で知られる葡萄牙駐港澳總領事官邸（ポルトガル領事官邸）や、総督の住居がおかれていたサンチャ宮殿なども見られ、海辺の心地よい雰囲気が広がっている。

澳氹大橋ガロックベイジュンドックダイキゥ
Macau-Taipa Bridge マカオ・タイパ大橋 [★☆☆]

亞馬喇前地からタイパへと続く長さ 2500m の澳氹大橋。この橋はマカオ半島から島嶼部に架けられた最初の橋で、正式名称の嘉樂庇總督大橋は 1970 年代にマカオに赴任したポル

【MEMO】

CHINA
マカオ

トガル人総督の名前がとられている。

マカオの渡り鳥

東南アジアや中国各地へ向かう渡り鳥の姿がある南灣湖。なかでもサギが有名で、クロツラヘラサギなど希少品種も見られる。また天然の自然が今でも残るタイパ、コロアンでも羽を休める渡り鳥が観察できる。

▲左　この街のシンボル、マカオ・タワー。　▲右　夜のマカオ、カジノ街の近くで

澳門旅游塔會展娯樂中心
オウムンロイヤウタップウイチンユイロッチュンサン
Macau Tower Convention &Entertainment Centre
マカオ・タワー［★★★］

マカオ半島最南端にそびえる高さ338mのマカオ・タワー。2001年に完成して以来、マカオのシンボルとなっている（電波塔の役割も果たしている）。レストラン、ショップなどが入る高さ233mの展望台からは香港を見渡せるほか、この高さ（233m）からバンジージャンプにも挑戦できる。

CHINA
マカオ

西灣湖サイワンウー Lago Sai Van 西湾湖 [★☆☆]
西望洋山(ペンニャの丘)の南東に広がる西灣湖。このあたりはもともと海だったところで、マカオ・タワーがそびえる西灣湖広場は埋め立ててつくられた。この西灣湖のふちをなぞるように、西灣湖景大馬路が走っている。

融和門ユンウームン Gate of Understanding 融和門 [★☆☆]
西灣湖先の人工浮島に立つ融和門(中ポ友好記念碑)。マカオ返還前の1993年に、中国とポルトガルの友好を記念して建てられた。門の設計は、ポルトガル人彫刻家の手による。

西灣大橋サイワンダイキゥ
Sai Van Bridge 西湾大橋 ［★☆☆］

マカオ半島とその先に浮かぶタイパ、コロアンを結ぶ西灣大橋（全長2200m）。もっとも中国側に近い橋で、ほかに半島と島嶼部のあいだに澳氹大橋、友誼大橋が架けられている。

【MEMO】

CHINA
マカオ

娯楽都市マカオでカジノ

今やラスベガスをしのぐと言われるマカオのカジノ
中国人の賭けごと好きもあいまって
マカオ経済の柱となっている

カジノとは

賭けごとは古くからあらゆる地域で行なわれ、18世紀のフランス革命ごろに現代のカジノの原型ができあがったと言われる。そのためルーレットやバカラなどは西欧で伝統的に行なわれてきたゲームで、スロットマシンやクラップスはアメリカで発達した(1905年にアメリカの東西を結ぶユニオン・パシフィック鉄道が開通したことで、「カジノ・シティ」ラスベガスが生まれた)。マカオでは観光と外貨獲得を目的にカジノが開かれ、中国人富裕層などが多く訪れている。

CHINA
マカオ

輪盤 Roulette ルーレット

ディーラーが投げたボールの行方をあてるルーレット。17世紀にフランスで発明されたと言われ、カジノの代表的なゲームにあげられる。赤か黒にかける方法、またリスクは高いが高配当の数字をねらう方法もある。

百家樂 Bacarrat バカラ

バカラは配られたカードの数字を推測してかけるカードゲーム。より9に近い数字を出したほうが勝ちとなる。歴史あるゲームで、15世紀、フランス貴族によってイタリアからフ

▲左　カジノ・シティでは人々の欲望が交錯する。　▲右　マカオ半島内港のカジノ

ランスにもち込まれたことで広まったという。

二十一點 Black Jack ブラックジャック

日本でも知られたカードゲーム、ブラックジャック。複数枚配られるカードで、21 の数字により近いほうが勝ちとなる（21 を超えると負け）。20 世紀になってバカラが変化したことで生まれたという。

CHINA
マカオ

大小 Big and Small ダイショウ

ダイショウは、その名の通り大小のことで、中国発祥のゲームとして知られる。3つのサイコロを同時にふり、その合計数（4〜10が小、11〜17が大）や目の数字などをかける。

角子機 Slot Machine スロットマシン

同じ目をそろえることであたりをねらうスロットマシン。アメリカで生まれ、マシン相手に小額から気軽に遊べる。

【地図】タイパ・コロアンの [★★☆]
- [ ] 大氹 Taipa タイパ
- [ ] 路氹城 Cotai コタイ
- [ ] 路環 Colane コロアン

【地図】タイパ・コロアンの [★☆☆]
- [ ] 大氹村 Village of Taipa タイパ村
- [ ] 大潭山 Taipa Grande タイパ山
- [ ] 澳門東亞運動會體育館 Macau East Asia Games Dome マカオ・ドーム
- [ ] 路環村 Coloane Village コロアン村
- [ ] 友誼大橋 Bridge of Friendship フレンドシップ大橋
- [ ] 澳氹大橋 Macau-Taipa Bridge マカオ・タイパ大橋
- [ ] 西灣大橋 Sai Van Bridge 西湾大橋

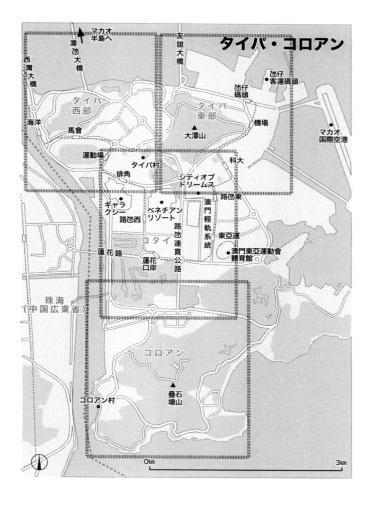

【MEMO】

CHINA
マカオ

Guide, Taipa
タイパ
城市案内

マカオ半島と橋で結ばれているタイパ
埋め立てが進み、高層ビルがそびえる
また国際空港が位置し、香港との船が発着する

大氹ダイパ Taipa タイパ ［★★☆］

珠江が運ぶ土砂で形成されたマカオ半島の先の洋上には、かつて大小ふたつのタイパ島とコロアン島が浮かんでいた。これらの島には 16 世紀にポルトガルが往来するはるか昔から漁村があり、なかでもタイパ村がもっとも大きな集落だった。20 世紀なかごろ、大小ふたつのタイパ島は埋め立てられてひとつになり、やがてそのタイパ島と南のコロアン島のあいだも埋め立てられた。こうして 20 世紀に入ってからタイパは急速に発展し、今では高層ビル群が姿を見せるほか、タイパ東部にマカオの「空の玄関口」となるマカオ国際空港が位置する。

【地図】タイパ西部

【地図】タイパ西部の [★★☆]
- ☐ 大氹 Taipa タイパ
- ☐ 路氹城 Cotai コタイ

【地図】タイパ西部の [★☆☆]
- ☐ 大氹村 Village of Taipa タイパ村
- ☐ 嘉模聖母教會 Our Lady of Carmel Church カルモ教会
- ☐ 北帝廟 Pak Tai Temple 北帝廟
- ☐ 四面佛 Four Faced Buddha 四面仏
- ☐ 澳門賽馬會 Macau Jockey Club マカオ競馬場
- ☐ 菩提禪院 Pou Tai Un 菩提禅院
- ☐ 觀音岩 Koon Yam Ngam 観音岩
- ☐ 澳氹大橋 Macau-Taipa Bridge マカオ・タイパ大橋
- ☐ 西灣大橋 Sai Van Bridge 西湾大橋

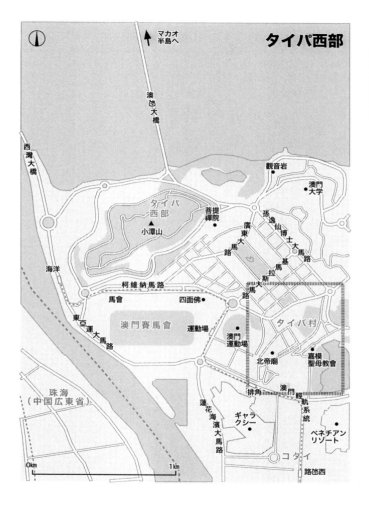

【地図】タイパ村の [★☆☆]

- ☐ 大氹村 Village of Taipa タイパ村
- ☐ 官也街 Rua do Cunha 官也街
- ☐ 嘉模聖母教會 Our Lady of Carmel Church カルモ教会
- ☐ 龍環葡韻住宅式博物館 Taipa House Museum タイパ・ハウス・ミュージアム
- ☐ 益隆炮竹廠跡地 Firecracker Factory 爆竹工場跡
- ☐ 北帝廟 Pak Tai Temple 北帝廟
- ☐ 路氹歷史館 Historical Museum of Coloane and Taipa タイパ・コロアン歴史博物館

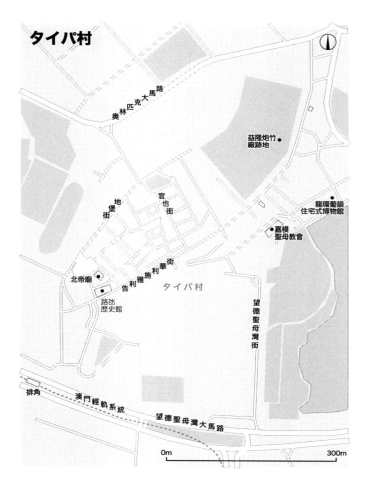

CHINA
マカオ

大氹村ダイパチュン Village of Taipa タイパ村 ［★☆☆］

マカオの郊外都市として高層ビル群が林立するタイパにあって、タイパ村はポルトガル来訪以前から続く集落があった場所として知られる。タイパが独立した島であったころ、ここには小さな漁村がひっそりとたたずみ、当時、島は緑で覆われ、タイパ村はその島の南端に位置していたのだという。土地の限られたマカオにあって、20世紀に入ってからタイパは急激に開発が進められたが、タイパ村には風情ある街並みが今でも残っている。

▲左 タイパでもカジノを楽しめる。 ▲右 新しいマカオ、古いマカオが出合うタイパ

官也街クンヤァガイ Rua do Cunha 官也街 [★☆☆]

タイパ村の中心にある官也街。100mほどの小道にマカオ料理、ポルトガル料理、中華料理などを出す店がならぶ。通りの名前は、19世紀のマカオ総督に由来する。

嘉模聖母教會ガァモッカウトン
Our Lady of Carmel Church カルモ教会 [★☆☆]

タイパ村の東に立つ嘉模聖母教會。この教会が1885年に建設された当時、タイパにはキリスト教徒がごくわずかしかいなかった(キリスト教徒のポルトガル人はマカオ半島南部に

居住した)。そのような状況で、嘉模聖母教會はタイパでの布教と信者の世話をする役割を果たしてきた。現在では地元の人が礼拝に訪れ、結婚式にも使用されている。

龍環葡韻住宅式博物館
ルンワンポゥワンジュエジャックシッボッマッグン
Taipa House Museum タイパ・ハウス・ミュージアム[★☆☆]
タイパの歴史や文化が展示されている龍環葡韻住宅式博物館。ポルトガル人官吏の邸宅を改装したコロニアル建築で、内部では20世紀まで使われていた調度品も見られる。

益隆炮竹廠跡地 イッルンパウジャックチョンジッデイ
Firecracker Factory 爆竹工場跡 ［★☆☆］

マッチや線香とならんでマカオを代表する主工業品であった爆竹を生産していた益隆炮竹廠跡地（おもに中国本土へ輸出されていた）。ここは当時の工場の様子を保存しながら開館した、めずらしい博物館となっている。

北帝廟 パッタイミュウ Pak Tai Temple 北帝廟 ［★☆☆］

北帝廟はタイパでもっとも歴史のある道教寺院。道教の神として信仰されている北帝は、とくに中国南方で高い人気をも

CHINA
マカオ

つ。この廟の南には天后廟が立つ。

路氹歷史館ロパーリーシグン
Historical Museum of Coloane and Taipa
タイパ・コロアン歴史博物館 [★☆☆]

タイパとコロアンの歴史や民俗、文化を紹介するタイパ・コロアン歴史博物館。衣装や調理器具など島の生活に根ざした品々が展示されている。20世紀初頭に民政総署がおかれていた建物が博物館として転用されている。

▲左　コタイ地区にあるマカオ・ドーム。　▲右　コロアン村で見た人形、赤・白・青の色使い

四面佛セイミンファ Four Faced Buddha 四面仏　[★☆☆]

タイ式仏教の派手な容姿をもつ金色の四面佛。4つの顔をもつことから四面仏の名がつけられている。

澳門賽馬會オウムンチョイマウイ
Macau Jockey Club マカオ競馬場　[★☆☆]

タイパ西部に位置するマカオ競馬場。娯楽の街マカオにあって、敷地面積をとる競馬場はマカオ半島ではなくタイパにつくられた。マカオ・ジョッキークラブによって運営されている。

CHINA
マカオ

菩提禪院ポータイシムユェン Pou Tai Un 菩提禅院［★☆☆］
小潭山を背後に立つ禅寺、菩提禪院。19世紀の清代に開かれ、20世紀になってから現在のかたちになった。タイパでもっとも規模の大きな寺院で、精進料理を食することもできる。

觀音岩クンイャムガム Koon Yam Ngam 観音岩［★☆☆］
タイパ北部で見られる觀音岩。「海の守り神」である観音の足跡が刻まれたと伝えられる石が残っている。

大潭山ダイタムサン Taipa Grande タイパ山 [★☆☆]

タイパの最高峰、標高160.4mの大潭山(西側には小潭山がそびえる)。あたりは郊野公園になっており、ここからはマカオ半島や珠江などの美しい景色が広がる。

【地図】タイパ東部の [★★☆]
- ☐ 大氹 Taipa タイパ
- ☐ 路氹城 Cotai コタイ

【地図】タイパ東部の [★☆☆]
- ☐ 大氹村 Village of Taipa タイパ村
- ☐ 嘉模聖母教會 Our Lady of Carmel Church カルモ教会
- ☐ 大潭山 Taipa Grande タイパ山
- ☐ 友誼大橋 Bridge of Friendship フレンドシップ大橋

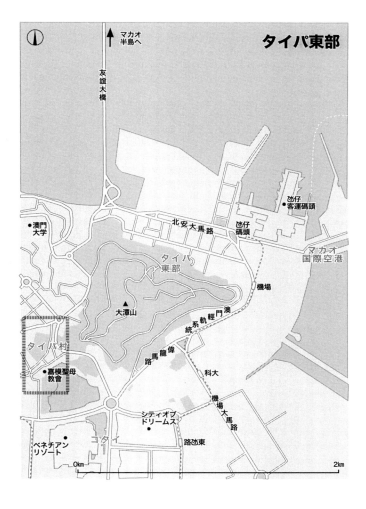

**Guide,
Cotai**
コタイ
城市案内

タイパとコロアンのあいだの海を
埋め立てられることで生まれたコタイ地区
新たなラスベガスというべき街がここに現れた

路氹城ローパシン Cotai コタイ ［★★☆］

20世紀末以降、タイパと南のコロアンのあいだの埋め立てが進み、新たに生まれたコタイ地区。娯楽の街マカオを象徴するように、カジノ、劇場、コンベンション・センターなどの大型施設が次々に建てられた。とくに2002年にカジノ利権が外資に開放されたことで、ラスベガスなど外資のカジノがここコタイに進出するようになった。

【地図】コタイ

【地図】コタイの [★★☆]
- [ ] 路氹城 Cotai コタイ
- [ ] 大氹 Taipa タイパ
- [ ] 路環 Colane コロアン

【地図】コタイの [★☆☆]
- [ ] 澳門東亞運動會體育館 Macau East Asia Games Dome マカオ・ドーム
- [ ] 澳門國際射擊中心 Macau International Shooting Range マカオ国際射撃場
- [ ] 大氹村 Village of Taipa タイパ村
- [ ] 嘉模聖母教會 Our Lady of Carmel Church カルモ教会

New Macau | コタイ城市案内

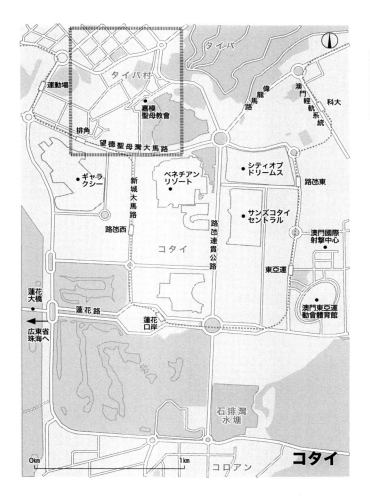

▲左　埋め立てと開発が進む島嶼部。　▲右　コタイ地区の超巨大ホテル＆カジノ

澳門東亞運動會體育館オウムントンアワンドンウイタイユッグン Macau East Asia Games Dome マカオ・ドーム[★☆☆]

マカオ・ドームは、マカオ最大級の複合施設。メインアリーナ以外にもシアター、展示場などが併設されている。

澳門國際射撃中心オウムンゴクジャイセイジィチュンサン Macau International Shooting Range マカオ国際射撃場[★☆☆]

複数の射撃場と観客席からなる澳門國際射撃中心。ピストルやエアライフルなどが用意されている。マカオ・ドームの北に位置する。

【MEMO】

Guide, Colane

コロアン城市案内

CHINA
マカオ

コロアンはマカオ最南のエリア
半島部やタイパにくらべて開発が進んでおらず
ゆったりとした時間が流れている

路環ロウワーン Colane コロアン ［★★☆］

マカオ最南端に位置するコロアンは、亜熱帯の樹木が生い茂り、美しい自然を残している。タイパと同じように南海に浮かぶ島だったが、20世紀になってから埋め立てが進み、タイパとつながった。ポルトガル人が早くから植民したマカオ半島と違って、コロアンには南海を荒らす海賊の拠点が20世紀初頭までおかれていたという。黒沙灣や竹灣に面した南部と東部には、美しいビーチが広がり、バカンスに訪れる人の姿がある。

▲左　譚公廟へ続く道、対岸は中国。　▲右　静かな時間が流れるコロアン村

路環村ロウワーンチュン Coloane Village コロアン村 [★☆☆]

コロアン地区の南西部にたたずむ漁村、コロアン村。海辺に面したこの村ではゆったりとした時間が流れている。聖方濟各聖堂が位置するほか、対岸の珠海までごくわずかな距離となっている。

聖方濟各聖堂スィンフォンツァイコスィントン St. Francis Xavier Chapel 聖フランシスコ・ザビエル教会 [★★☆]

東方の布教にあたったフランシスコ・ザビエルを記念して建てられた教会。1928年の建造で、こぢんまりとした欧風建

【地図】コロアン村

【地図】コロアン村の [★★☆]
- ☐ 路環 Colane コロアン
- ☐ 聖方濟各聖堂 St. Francis Xavier Chapel 聖フランシスコ・ザビエル教会

【地図】コロアン村の [★☆☆]
- ☐ 路環村 Coloane Village コロアン村
- ☐ 譚公廟 Tam Kong Temple 譚公廟
- ☐ 天后廟 Tin Hau Temple 天后廟

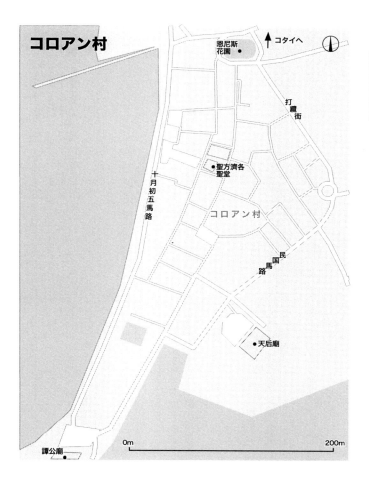

築となっている。20世紀後半にはザビエルの遺骨が安置されていたことがある（現在はマカオ半島の聖約瑟修道院に移されている）。

譚公廟タムクンミュウ Tam Kong Temple 譚公廟 [★☆☆]
コロアン村の南、海に面して立つ譚公廟。ここには漁師の安全と大漁を約束するという道教の神様、譚公がまつられていて、また廟内には鯨の骨でつくられたドラゴンボートが飾ってある（毎年春に行なわれる譚公祭には多くの人が集まる）。1862年に建てられ、その後、改修されて現在にいたる。

▲左　静寂に包まれた聖方濟各聖堂の内部。　▲右　村の中心に位置する聖方濟各聖堂

天后廟ティエンハウミュウ
Tin Hau Temple 天后廟 [★☆☆]

「海の守り神」媽祖をまつるコロアン村の天后廟。マカオと媽祖の関わりは深く、マカオ半島南西部に立つ媽閣廟はじめ、いくつかの天后廟が見られる。古くから村のあったこちらの天后廟も、地元の人々の信仰を集めていて、この廟は19世紀に建てられた。

【地図】コロアン

【地図】コロアンの [★★☆]

- [ ] 路環 Colane コロアン
- [ ] 聖方濟各聖堂 St. Francis Xavier Chapel 聖フランシスコ・ザビエル教会
- [ ] 路氹城 Cotai コタイ

【地図】コロアンの [★☆☆]

- [ ] 路環村 Coloane Village コロアン村
- [ ] 石排灣公園 Seak Pai Van Park セッパイワン公園
- [ ] 土地暨自然博物館 Natural and Agrarian Museum 自然農業博物館
- [ ] 黑沙水庫水上樂園 Hac-Sa Reservoir BBQ Park ハクサ・ダム公園
- [ ] 小型賽車場 Macao Motorsports Club マカオ・モータースポーツ・クラブ
- [ ] 媽祖文化村 A-Ma Cultural Village 媽祖文化村
- [ ] 黑沙海灘 Praia de Hac Sa ハクサ・ビーチ
- [ ] 竹灣海灘 Praia de Cheoc Van チュオバン・ビーチ
- [ ] 石面盆古道 Stone Basin Old Road 石面盆古道

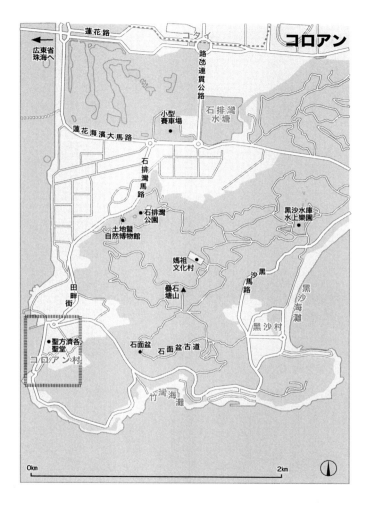

石排灣公園セッパイワンコンユェン
Seak Pai Van Park セッパイワン公園 [★☆☆]

石排灣公園は、コロアン丘陵部に広がる自然公園（郊野公園として保存されている）。珍しい小鳥や野生動物が見られる動物園や植物園などが位置し、澳門大熊貓館ではパンダが飼育されている。

▲左　青色の外観をもつ建築、南欧の雰囲気がただよう。　▲右　観光地を案内する看板、コロアン村にて

土地曁自然博物館トディキジインボッマッグン
Natural and Agrarian Museum 自然農業博物館 ［★☆☆］

マカオの自然や動植物を紹介した土地曁自然博物館。実際に使われていた農機具や昆虫の標本などが展示されている。

黒沙水庫水上樂園ハクサスイフースイションラックユェン
Hac-Sa Reservoir BBQ Park ハクサ・ダム公園 ［★☆☆］

コロアンの自然に囲まれた黒沙水庫水上樂園。亜熱帯の樹木が生い茂り、ダムにかかる吊り橋からは美しい景色が見られる。

CHINA
マカオ

小型賽車場シゥインチョイチェチョン
Macao Motorsports Club
マカオ・モータースポーツ・クラブ [★☆☆]

マカオ・グランプリに代表されるように、モータースポーツの盛んな街マカオ。小型賽車場には、カート用のサーキット場が完備されていて、レースも行なわれる。

媽祖文化村マアジョウジェウ
A-Ma Cultural Village 媽祖文化村 [★☆☆]

コロアン地区の丘陵部に位置する媽祖文化村。「海の守り神」媽祖をまつった廟があるほか、山頂の公園には高さ20mになる媽祖像が立つ。

黒沙海灘ハクサホイタン
Praia de Hac Sa ハクサ・ビーチ [★☆☆]

コロアネ南東部に面した黒沙海灘。この浜の砂が黒っぽいところから、黒沙という名前がとられることになった。

CHINA
マカオ

竹灣海灘ジュクワンホイタン
Praia de Cheoc Van チュオバン・ビーチ [★☆☆]

マカオ最南端に広がる竹灣海灘。竹灣とそれに続く南海の美しいパノラマが見られる。

石面盆古道セッミンプーンゴードゥ
Stone Basin Old Road 石面盆古道 [★☆☆]

石面盆古道はコロアン地区の東西に位置するコロアン村と黒沙村を結ぶ道。途中、石面盆があり、この石が道の名前となった。

街の歩みの陰日向

CHINA
マカオ

半島部と島嶼部という限られたマカオの土地
埋め立てることで面積を広げてきた
タイパ・コロアンでも開発が進んでいる

マカオ埋め立ての歴史

16世紀以来、ポルトガル人はマカオ半島南部に拠点を構え、その北側に流入した中国人が暮らした。一方でマカオ半島の南に浮かぶ島々には漁業を行なう原住民が暮らしていたが、マカオの土地不足もあって埋め立てが進められた。最初に大タイパ島と小タイパ島のふたつの島のあいだが埋め立てられてひとつになり、21世紀を前にさらに大規模な埋め立てが続けられた。やがて巨大化したタイパとコロアンのあいだはつながり、コタイ地区ができあがった。ポルトガル人がマカオに暮らしはじめた16世紀から、マカオの面積は2倍に

New Macau 街の歩みの陰日向

なったのだという。

「カジノ王」スタンレー・ホー

カジノの街マカオの繁栄の礎を築いたのが、「カジノ王」として知られるスタンレー・ホー（祖父が西欧系商人の血筋をひく家柄に生まれた）。20世紀初頭、日中戦争から第二次大戦のあいだ、中国南部に進出した日本軍の物資調達を引き受けることなどで財をなし、戦後、カジノとホテルを一体化して娯楽施設（リスボア・カジノ）を提供して巨大な富を築きあげた。とくに2002年にカジノの開設する権利が外資に開

【MEMO】

CHINA
マカオ

マカオ古図
19世紀前半

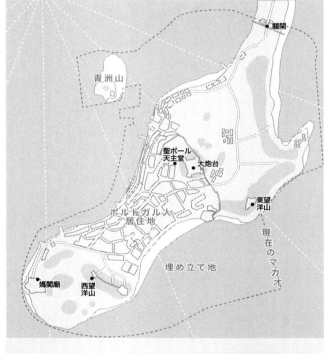

『マカオの歴史』(東光博英／大修館書店) 掲載の
『かつてのマカオ市街図』(A. Ljungstedt の著書より) をもとに作成

CHINA
マカオ

放されるまで、独占的にマカオのカジノを引き受け、いっときマカオ経済の3分の1、税収の30%をホーの関連会社になったと言われる。

マカオと香港の返還

1842年、香港島がイギリスに割譲されると、マカオの地位は相対的にさがり、香港は世界を代表する金融センターへと成長していた。そのためイギリスは香港の返還をしぶり、交渉は難航した一方で、中国とポルトガルのあいだで行なわれたマカオ返還交渉は穏やかに進められた。1997年7月

街の歩みの陰日向　New Macau

▲左　カジノの力もあってマカオは強い経済力をもつ。　▲右　街角の壁画、異国情緒がただよう

1日にイギリスから中国へ返還された香港に続いて、マカオは1999年12月20日にポルトガルから中国へ返還されると、香港と同じように「50年間はそれまでの体制を変えない」という一国二制度のもと、中国マカオ特別行政区として再出発した。カジノの経済効果もあって、現在は市民ひとりあたりのGDPが高い豊かな街となっている。

参考文献

『マカオの歴史』(東光博英 / 大修館書店)

『マカオ歴史散歩』(菊間潤吾 / 新潮社)

『カジノの文化誌』(大川潤・佐伯英隆 / 中央公論新社)

『マカオ カジノ経済ビッグバン』(週刊ダイヤモンド 96)

『急回復したマカオ カジノ経済を支える中国マネー』(志村宏忠 / エコノミスト 89)

『世界大百科事典』(平凡社)

[PDF] マカオ空港案内 http://machigotopub.com/pdf/macauairport.pdf

まちごとパブリッシングの旅行ガイド
Machigoto INDIA , Machigoto ASIA , Machigoto CHINA

【北インド - まちごとインド】

001 はじめての北インド
002 はじめてのデリー
003 オールド・デリー
004 ニュー・デリー
005 南デリー
012 アーグラ
013 ファテープル・シークリー
014 バラナシ
015 サールナート
022 カージュラホ
032 アムリトサル

【西インド - まちごとインド】

001 はじめてのラジャスタン
002 ジャイプル
003 ジョードプル
004 ジャイサルメール
005 ウダイプル
006 アジメール(プシュカル)
007 ビカネール
008 シェカワティ
011 はじめてのマハラシュトラ
012 ムンバイ
013 プネー
014 アウランガバード
015 エローラ
016 アジャンタ
021 はじめてのグジャラート
022 アーメダバード
023 ヴァドダラー(チャンパネール)
024 ブジ(カッチ地方)

【東インド - まちごとインド】

002 コルカタ
012 ブッダガヤ

【南インド - まちごとインド】

001 はじめてのタミルナードゥ
002 チェンナイ
003 カーンチプラム
004 マハーバリプラム
005 タンジャヴール
006 クンバコナムとカーヴェリー・デルタ
007 ティルチラパッリ
008 マドゥライ
009 ラーメシュワラム
010 カニャークマリ
021 はじめてのケーララ
022 ティルヴァナンタプラム
023 バックウォーター(コッラム〜アラップーザ)
024 コーチ(コーチン)
025 トリシュール

【ネパール - まちごとアジア】

001 はじめてのカトマンズ
002 カトマンズ
003 スワヤンブナート

004 パタン
005 バクタプル
006 ポカラ
007 ルンビニ
008 チトワン国立公園

【バングラデシュ - まちごとアジア】

001 はじめてのバングラデシュ
002 ダッカ
003 バゲルハット（クルナ）
004 シュンドルボン
005 プティア
006 モハスタン（ボグラ）
007 パハルプール

【パキスタン - まちごとアジア】

002 フンザ
003 ギルギット（KKH）
004 ラホール
005 ハラッパ
006 ムルタン

【イラン - まちごとアジア】

001 はじめてのイラン
002 テヘラン
003 イスファハン
004 シーラーズ
005 ペルセポリス
006 パサルガダエ（ナグシェ・ロスタム）
007 ヤズド
008 チョガ・ザンビル（アフヴァーズ）
009 タブリーズ
010 アルダビール

【北京 - まちごとチャイナ】

001 はじめての北京
002 故宮（天安門広場）
003 胡同と旧皇城
004 天壇と旧崇文区
005 瑠璃廠と旧宣武区
006 王府井と市街東部
007 北京動物園と市街西部
008 頤和園と西山
009 盧溝橋と周口店
010 万里の長城と明十三陵

【天津 - まちごとチャイナ】

001 はじめての天津
002 天津市街
003 浜海新区と市街南部
004 薊県と清東陵

【上海 - まちごとチャイナ】

001 はじめての上海
002 浦東新区
003 外灘と南京東路
004 淮海路と市街西部
005 虹口と市街北部
006 上海郊外（龍華・七宝・松江・嘉定）
007 水郷地帯（朱家角・周荘・同里・甪直）

【河北省 - まちごとチャイナ】

001 はじめての河北省
002 石家荘
003 秦皇島
004 承徳
005 張家口
006 保定
007 邯鄲

【江蘇省 - まちごとチャイナ】

001 はじめての江蘇省
002 はじめての蘇州
003 蘇州旧城
004 蘇州郊外と開発区
005 無錫
006 揚州
007 鎮江
008 はじめての南京
009 南京旧城
010 南京紫金山と下関
011 雨花台と南京郊外・開発区
012 徐州

【浙江省 - まちごとチャイナ】

001 はじめての浙江省
002 はじめての杭州
003 西湖と山林杭州
004 杭州旧城と開発区
005 紹興
006 はじめての寧波
007 寧波旧城
008 寧波郊外と開発区
009 普陀山
010 天台山
011 温州

【福建省 - まちごとチャイナ】

001 はじめての福建省
002 はじめての福州
003 福州旧城
004 福州郊外と開発区
005 武夷山
006 泉州
007 厦門
008 客家土楼

【広東省 - まちごとチャイナ】

001 はじめての広東省
002 はじめての広州
003 広州古城
004 天河と広州郊外
005 深圳（深セン）
006 東莞
007 開平（江門）
008 韶関
009 はじめての潮汕
010 潮州
011 汕頭

【遼寧省 - まちごとチャイナ】

001 はじめての遼寧省
002 はじめての大連
003 大連市街
004 旅順
005 金州新区

006 はじめての瀋陽
007 瀋陽故宮と旧市街
008 瀋陽駅と市街地
009 北陵と瀋陽郊外
010 撫順

【重慶 - まちごとチャイナ】

001 はじめての重慶
002 重慶市街
003 三峡下り（重慶〜宜昌）
004 大足

【香港 - まちごとチャイナ】

001 はじめての香港
002 中環と香港島北岸
003 上環と香港島南岸
004 尖沙咀と九龍市街
005 九龍城と九龍郊外
006 新界
007 ランタオ島と島嶼部

【マカオ - まちごとチャイナ】

001 はじめてのマカオ
002 セナド広場とマカオ中心部
003 媽閣廟とマカオ半島南部
004 東望洋山とマカオ半島北部
005 新口岸とタイパ・コロアン

【Juo-Mujin（電子書籍のみ）】

Juo-Mujin 香港縦横無尽
Juo-Mujin 北京縦横無尽
Juo-Mujin 上海縦横無尽

【自力旅游中国 Tabisuru CHINA】

001 バスに揺られて「自力で長城」
002 バスに揺られて「自力で石家荘」
003 バスに揺られて「自力で承徳」
004 船に揺られて「自力で普陀山」
005 バスに揺られて「自力で天台山」
006 バスに揺られて「自力で秦皇島」
007 バスに揺られて「自力で張家口」
008 バスに揺られて「自力で邯鄲」
009 バスに揺られて「自力で保定」
010 バスに揺られて「自力で清東陵」
011 バスに揺られて「自力で潮州」
012 バスに揺られて「自力で汕頭」
013 バスに揺られて「自力で温州」

【車輪はつばさ】
南インドのアイラヴァテシュワラ寺院には建築本体に車輪がついていて寺院に乗った神さまが人びとの想いを運ぶと言います。

・本書はオンデマンド印刷で作成されています。
・本書の内容に関するご意見、お問い合わせは、発行元の
 まちごとパブリッシング info@machigotopub.com までお願いします。

まちごとチャイナ
マカオ005新口岸とタイパ・コロアン
〜7色に光る「カジノ・シティ」[モノクロノートブック版]

2017年11月14日　発行	

著　者	「アジア城市(まち)案内」制作委員会
発行者	赤松　耕次
発行所	まちごとパブリッシング株式会社 〒181-0013　東京都三鷹市下連雀4-4-36 URL http://www.machigotopub.com/
発売元	株式会社デジタルパブリッシングサービス 〒162-0812　東京都新宿区西五軒町11-13 清水ビル3F
印刷・製本	株式会社デジタルパブリッシングサービス URL http://www.d-pub.co.jp/

MP117

ISBN978-4-86143-251-4 C0326　　　　Printed in Japan
本書の無断複製複写(コピー)は、著作権法上での例外を除き、禁じられています。